12 avril 1902

Collection de M. Lacroix

HOTEL DROUOT

12 AVRIL 1902

Me Paul Chevallier

MM. Bernheim Jeune

Collection de M. Lacroix

CONDITIONS DE LA VENTE :

Elle sera faite au comptant.

Les acquéreurs paieront 10 o/o en sus des prix d'adjudication.

CATALOGUE

des

ET AQUARELLES

composant la

et dont la vente aura lieu à Paris

HOTEL DROUOT, Salle N° 6

COMMISSAIRE-PRISEUR :	EXPERTS :
10, rue de la Grange-Batelière	8, rue Laffitte et 30, avenue de l'Opéra

EXPOSITION PUBLIQUE : le VENDREDI 11 AVRIL 1902

de 1 heure 1/2 à 5 heures 1/2

IMPRIMERIE
DE LA GAZETTE DES BEAUX-ARTS
8, RUE FAVART
PARIS

Tableaux

ABBEMA (Louise)

1. — L'entrée de village.

C'est au moment du printemps. Une route s'éloigne entre deux files de maisons. A quelque distance, on voit un chien et plus loin deux personnages faisant conversation.

Signé à droite.

Toile. — Larg.: 55 cent.; Haut.: 45 cent.

APPIAN (A.)

2. — Le Rhône à Valence.

Au bord du fleuve, une grande berge de gravier. Des vaches venant du village entrevu au lointain, descendent du côté de l'eau.

Le ciel est clair et le tableau tout entier est tenu dans une tonalité limpide et comme argentée.

Signé à gauche.

Panneau. — Larg.: 45 cent.; Haut.: 30 cent.

BAIL (Joseph)

3. — Jeux de cuisine.

Un marmiton, dans sa cuisine, est allongé à terre, coiffé de sa toque blanche et revêtu d'une veste rouge. Une marmite de cuivre jaune, est près de lui. Il vient d'y poser son coude et maintenant s'ingénie à caresser la moustache d'un jeune chat à l'aide d'un fétu de paille. L'animal se prête au jeu et la scène continue, en valeur sur le fond de cuisine où scintillent çà et là des ustensiles de cuivre.

Signé à droite.

Toile. — Larg. : 35 cent. ; Haut. : 27 cent.

BARILLOT (Léon)

4. — Vaches au pâturage.

Plusieurs vaches dans un pâturage très vivement éclairé par un beau soleil qui met en pleine valeur les détails du paysage d'alentour.

Signé à droite.

Toile. — Larg. : 55 cent. ; Haut. : 58 cent.

BENJAMIN-CONSTANT

5. — A Tanger.

Sur une terrasse blanche, à Tanger, une jeune et jolie mauresque s'est assise. Elle est revêtue d'une camisole blanche, ses bras nus sont croisés. Une jupe de couleur voyante, des pantoufles écarlates, une toque rose qu'accompagne une écharpe claire, complètent son costume aussi original que seyant.

A ses pieds, à gauche, on voit un vase où s'épanouissent des fleurs pourpres.

Signé à droite.

Panneau. — Larg. : 28 cent.; Haut. : 55 cent.

BOUDIN (Eugène)

6. — Étaples.

Sur la falaise, à droite, le village avec la silhouette, en flèche, du clocher de l'église.

La mer, à gauche, avec des barques où l'on voit des passagers allant au devant des bateaux pêcheurs qui, nombreux, pointent vers le rivage.

Sur une pente de la falaise, un certain nombre de spectateurs. Des hommes jambes nues dans l'eau.

Une légère éclaircie bleue ménage un peu de gaieté dans un ciel nuageux.

Signé à droite.

Panneau. — Larg. : 55 cent.; Haut. : 40 cent.

BOUDIN (Eugène)

7. — Un Bassin du Port. — Le Havre.

Le ciel argenté se reflète dans l'eau du port. Un grand navire, à droite, toutes voiles carguées.

Au fond à gauche, des navires et des barques. De grands magasins d'entrepôt occupent le quai de droite.

Au milieu du bassin, une barque conduite par plusieurs hommes.

Signé à droite.

Panneau. — Larg. : 28 cent.; Haut. : 35 cent.

BOUDIN (Eugène)

8. — Prairies de la Toucque.

Un troupeau de vaches au pâturage dans une vaste prairie normande. Deux vaches se sont couchées au premier plan.

Le ciel est gris et nuageux.

Signé à gauche.

Panneau. — Larg. : 25 cent.; Haut. : 18 cent.

BOUDIN (Eugène)

9. — Roches au bord de la mer.

A gauche, un talus granitique au sommet duquel est bâtie une hutte de pêcheurs. Dans le premier plan de droite, la mer d'une exquise limpidité reflétant un ciel étincelant.

Au fond, plusieurs barques de pêche, toutes voiles déployées.

Ce tableau, de la manière ancienne, est un très curieux document où l'on constate l'effort du maître, appliqué de jour en jour à la recherche des fines lumières.

Signé à gauche.

Panneau. — Larg. : 42 cent. ; Haut. : 32 cent.

BOUDIN (Eugène)

10. — Marine. Soir d'automne 1871.

A gauche, la mer fermée au loin par une ligne de côtes. Nombreux navires et barques.

A droite, le rivage rocheux, quelques barques encore et, plus loin, des maisons dans les arbres roux.

Ciel nuageux.

Signé à droite.

Panneau parqueté. — Larg. : 40 cent. ; Haut. : 23 cent.

BOUDIN (Eugène)

11. — Au port.

L'eau miroitante s'étend jusque là-bas, au quai gris que dominent, en deux masses, des bâtiments de douane et de dépôt.

A droite, des bateaux et des chaloupes. A gauche, d'autres navires plus espacés.

Ciel nuageux et blanc argenté à l'horizon.

Signé à droite.

Larg.: 41 cent.; Haut. : 27 cent.

BOUDIN (Eugène)

12. — Marine, temps gris.

Sur un coin de port, un matelot debout causant à des camarades assis dans une chaloupe.

Au loin, la mer avec des barques et des navires dont l'un, à gauche, jette dans le ciel une longue traînée de fumée.

Signé à droite.

Panneau. — Larg.: 46 cent.; Haut.: 26 cent.

BOUDIN

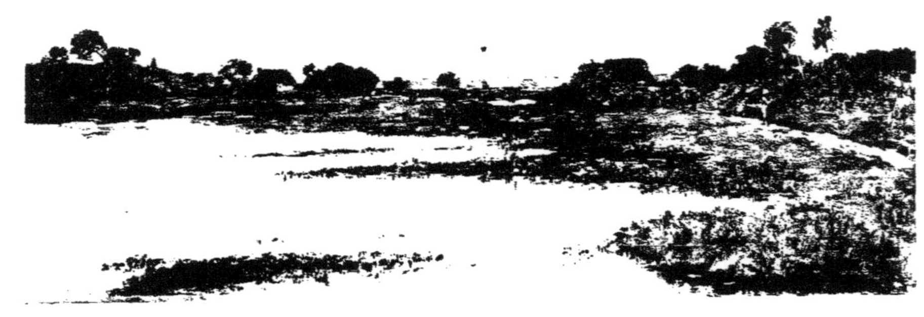

LA TOUCQUE

Procédé Bernheim Jeune.

BOUDIN

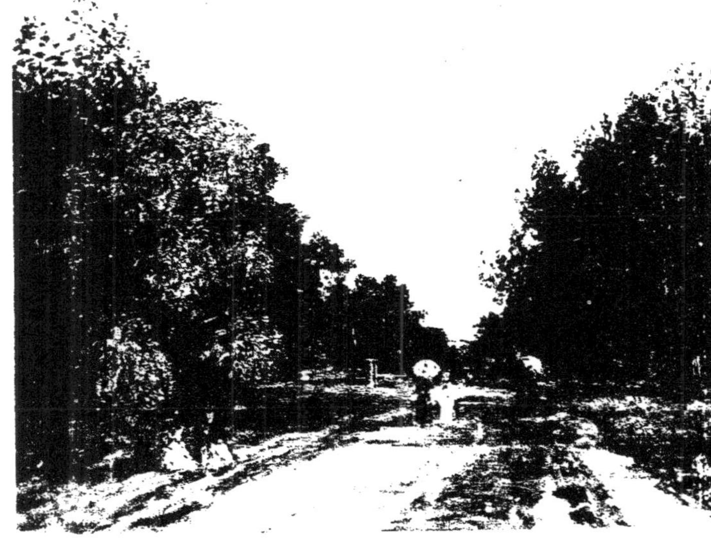

LE PARC CORDIER

Procédé BERNHEIM Jeune.

BOUDIN (Eugène)

13. — La Toucque.

A gauche, la rivière tellement basse que des îlots herbeux émergent de l'eau et que plus loin l'eau disparaît tout à fait pour ne reparaître que, tout là-bas au pont.

A droite, après les parties herbeuses découpées sur la rivière, la berge avec un chemin oü s'éloigne une paysanne du côté d'une maison. A droite comme à gauche des arrière-plans d'arbres.

Le ciel bleu est couvert de nuages à l'horizon. Une suite de grosses nuées monte de droite à gauche.

Signé à droite : La Toucque. E. Boudin, 1891.

Toile. — Larg. : 74 cent. ; Haut. : 51 cent.

BOUDIN (Eugène)

14. — Le Parc Cordier à Trouville

Une large allée de parc herbeuse et rayée d'ombres. De part et d'autre, de magnifiques massifs d'arbres très détaillés, s'éloignant en une jolie perspective, jusqu'à une éclaircie où apparaît à peine la tache bleue de la mer.

Çà et là, des femmes et des enfants, assis ou en promenade.

Signé à gauche.

Toile. — Larg. : 60 cent. ; Haut. : 5[illegible] cent.

BOUDIN (Eugène)

15. — Quillebeuf.

Par un temps de brumes argentées, la Seine à gauche, avec au loin, un vapeur fumant dans le ciel légèrement rosé au-dessus d'une ligne continue de collines grises.

A droite, un rivage avec une estacade, quelques maisons, et des gamins près de deux barques à sec.

Au premier plan à gauche, deux énormes pieux debout dans l'eau.

Signé à droite : Quillebeuf. E. Boudin, 1893.

Toile. — Larg. : 55 cent. ; Haut, : 40 cent.

BOUDIN (Eugène)

16. — Le Port de Fécamp.

De nombreux navires, pour la plupart chargés de voiles déployées, occupent le milieu du bassin principal.

Les quais alignent sur la gauche leur grandes maisons et leurs entrepôts ainsi que des piles de marchandises. Vers le fond, ce sont d'autres navires. La droite est occupée par quelques entrepôts.

D'une touche particulièrement délicate, l'œuvre est très caractéristique et de la meilleure manière argentée du maître.

Signé à gauche.

Panneau. — Larg. : 45 cent.: Haut.: 37 cent.

BOUDIN

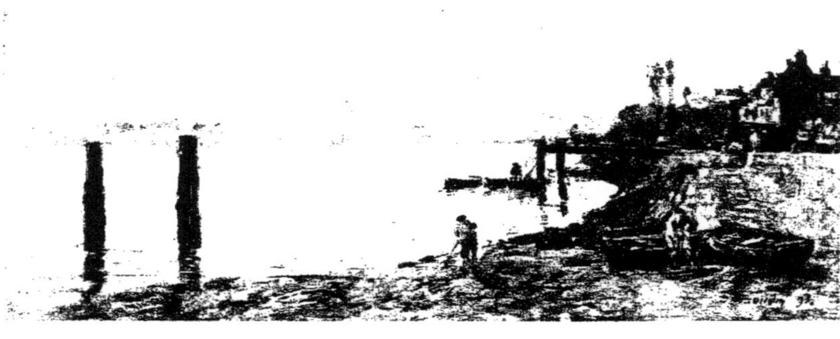

QUILLEBEUF

Procédé Bernheim Jeune.

BOUDIN

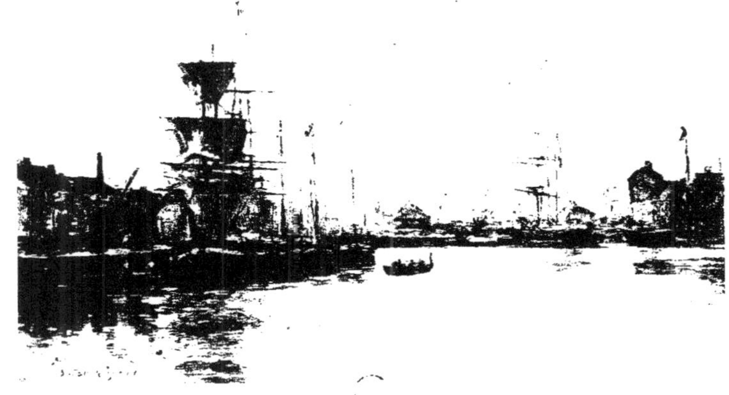

LE PORT DE FÉCAMP

Procédé Bernheim Jeune.

CÉZANNE

17. — Jos de Bouffan.

Propriété ayant appartenu au père de l'artiste.

A gauche, de grands arbres. Au fond une maison de campagne dont les murs sont presqu'entièrement couverts de lierre.

Une prairie occupe tout le premier plan.

Signé à gauche.

Panneau parqueté. — Larg. : 36 cent. ; Haut. : 30 cent.

CHARPIN (A.)

18. — La Vache blanche.

Une superbe vache blanche sortant, à gauche, d'un massif de grands arbres, se dirige vers un lac où elle va boire.

D'autres vaches tout au fond à droite.

Signé à gauche.

Toile. — Larg. : 55 cent.; Haut. : 38 cent.

CORMON (F.)

19. — Au Maroc.

Un chef de tribu assis sur le sol, dans un intérieur arabe.

En face de lui et assise comme lui, l'une de ses femmes vue de dos. Ces deux personnages font une partie d'échecs.

Derrière eux, et un peu sur la gauche, un soldat masqué, et en armes, regarde les joueurs.

Signé à gauche.

Panneau. — Larg. : 41 cent. ; Haut. : 33 cent.

COROT (Camille)

20. — Femmes au bain.

Dans une forêt au milieu des rochers qui, à droite et à gauche, dressent leurs escarpements, plusieurs femmes au premier plan, nues, prennent un bain dans un petit cours d'eau.

Au fond à gauche, entre les roches derrière les feuillages, on aperçoit le ciel nuageux.

Signé à droite.

Panneau. — Larg. : 25 cent.; Haut. : 34 cent.

COROT (Camille)

21. — Dans le Morvan.

Une tour d'église au fond sur la hauteur. A gauche, des escarpements de roches plongent dans un cours d'eau ou l'on voit un pêcheur dans une barque.

A droite, des arbres.

Au verso, un croquis de la composition *Homère et les Bergers.*

Signé à gauche.

Porte le n° 391 du catalogue de la vente après décès de Corot.

Panneau. — Larg. : 23 cent. : Haut. : 25 cent.

COROT (Camille)

22. — L'Aurore.

Dans les premières lueurs du jour, on distingue, au loin, une ligne de coteaux.

Au premier plan, une mare retenant déjà un peu des clartés naissantes, dans le ciel encore embrumé.

Cachet de la vente Corot.

Toile. — Larg. : 28 cent.; Haut. : 18 cent.

COURBET (Gustave)

23. — Portrait de femme.

La tête inclinée vers la droite est encadrée de bandeaux plats, d'une belle note noire.

Les traits sont pleins, les yeux en amande sous les sourcils fort et bien dessinés. La bouche est petite, d'une ligne exquise.

Le cou plus clair, par contraste avec le corsage noir.

Signé à droite.

Toile. — Larg. : 37 cent. ; Haut. : 45 cent.

COURBET (Gustave)

24. — Marine.

La mer avec un bateau à voile blanche, à droite. C'est au crépuscule, et dans le ciel, de gauche à droite montent de lourds nuages gris.

Signé à gauche.

Toile. — Larg. : 74 cent. ; Haut. : 60 cent.

DAUBIGNY

25. — Au bord de la Rivière.

Le soleil se couche dans la rivière à gauche.

Une femme, à droite, avec un chien, au pied de grands arbres.

Au dos : Donné par Daubigny, le 29 juillet 1862.

Cachet : Vente Daubigny.

Panneau. — Larg. : 21 cent. ; Haut. : 36 cent.

DUPRÉ (Victor)

26. — Vaches à l'abreuvoir.

Une rivière bordée, à droite comme à gauche, par de vastes prairies.

Sur la droite, un massif d'arbres et, au second plan, un troupeau de vaches dont quelques-unes se sont déjà avancées jusque dans l'eau.

Le ciel est très mouvementé et a ce caractère en en quelque sorte « dramatique » que savait si puissamment traduire Victor Dupré.

Signé à gauche.

Toile. — Larg. : 63 cent. ; Haut. : 55 cent.

D'ESPAGNAT (Georges)

27. — La Maison Blanche en Hiver.

Au premier plan, un potager, entouré d'une barrière. Au fond, derrière un mur blanc chaperonné de briques rouges, un parc où l'on distingue une confortable habitation entourée de grands arbres.

Signé à gauche.

Toile. — Larg. : 72 cent. ; Haut. : 60 cent.

D'ESPAGNAT (Georges)

28. — La Lecture sur l'herbe.

Non loin du lac du bois de Boulogne, sont assises sur l'herbe deux jeunes femmes et un bébé. Tandis que celui-ci joue avec des brins d'herbe, les deux jeunes femmes, tenant chacune un livre, se font l'une à l'autre la lecture.

Au loin, dans le fond, on aperçoit le lac.

Signé à droite.

Toile. — Larg. : 60 cent.; Haut. : 45 cent.

FANTIN-LATOUR

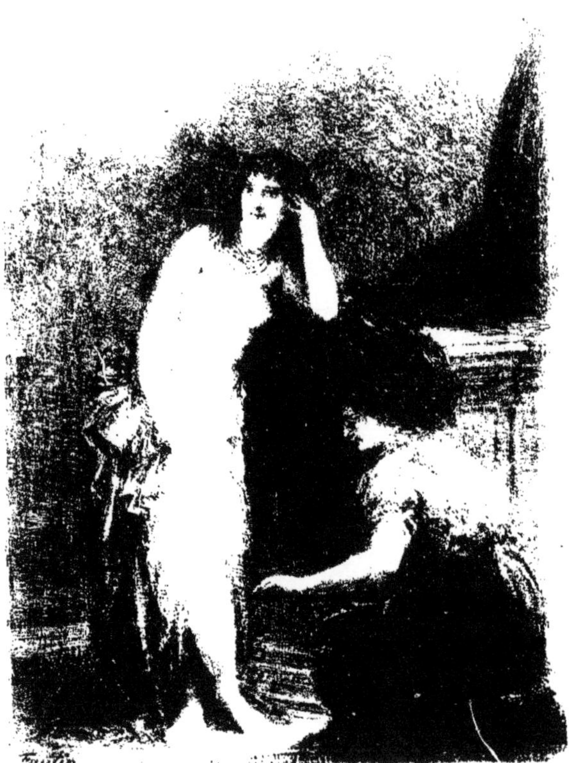

LE REPOS

Procédé BERNHEIM Jeune.

FANTIN-LATOUR

29. — Le Repos.

Au crépuscule, dans un parc dont les bosquets épais occupent tout le lointain.

A gauche, une femme nue, debout, ramenant de la main droite quelques vètements à sa ceinture.

Le coude gauche est posé sur un socle de balustrade où retombe une lourde belle draperie rouge.

A droite, une femme à genoux étendant le bras gauche vers les genoux de sa compagne.

Signé à gauche.

Toile: Larg.: 27 cent. ; haut : 35 cent.

GAGLIARDINI (G.)

30. — Sur la plage.

Un important groupe de marchandes de poissons attend sur la grève l'arrivée des bateaux de pêche, que déjà l'on distingue au large.

Au premier plan, se détache une jeune fille, marchant pieds nus et portant un fardeau suspendu à un long bâton.

Ciel nuageux.

Signé à droite : 1883-1897.

Panneau. — Larg. : 68 cent. ; Haut. : 43 cent.

GAGLIARDINI (G.)

31. — Midi aux Martigues.

Une large route très ensoleillée conduit aux Martigues que l'on aperçoit dans le lointain.

Sur la route, des personnes traversant un pont. A gauche, un âne broutant des brins d'herbes.

A droite, la mer très bleue et le ciel sans un nuage.

Signé à droite.

Toile. — Larg. : 46 cent.; Haut. : 32 cent.

GAGLIARDINI (G.)

32. — En Auvergne.

Le soleil se couche déjà et éclaire de ses derniers rayons une rue villageoise, alignant à droite et à gauche la file de ses maisons pittoresques et rustiques. Sur la route, deux femmes qui causent,

Signé à droite.

Panneau. — Larg. : 28 cent.; Haut. : 34 cent.

GUILLAUMIN (Armand)

33. — Midi en Auvergne.

La route sèche et poudreuse conduit à un village dont on aperçoit les maisons, des deux côtés du chemin.

Plus loin, la route cesse de monter. Elle s'abaisse en pente douce et, au point culminant, se tient une figure de femme.

Signé à droite.

Toile. — Larg. : 40 cent. ; Haut. : 30 cent.

GUILLAUMIN (Armand)

34. — Vallée de Chevreuse.

Très chatoyante, étonnamment riche en valeurs diverses qui, toutes, se font valoir l'une par l'autre, c'est la vallée de Chevreuse au mois de mai.

Un arbre se dresse au premier plan, et à l'horizon, c'est la ligne continue des coteaux, à perte de vue, juxtaposant d'exquises tonalités dégradées, jusqu'au bleu le plus subtil.

Au pied des collines, coule un ruisseau.

Signé à gauche.

Toile. — Larg. : 73 cent. ; Haut. : 60 cent.

GUILLAUMIN (Armand)

35. — Pommiers en fleurs.

A droite d'une prairie, de grands pommiers. C'est le printemps. Les branches sont étoilées de fleurs.

Sur la gauche, une ferme. Un ruisseau qui aboutit à une mare en contrebas sépare les bâtiments et la prairie.

Signé à droite.

Toile. — Larg. : 57 cent. ; Haut. : 40 cent.

GUILLAUMIN (Armand)

36. — Sur les bords de la Marne.

Un coin de Marne avec un bateau-lavoir. Sur un talus à gauche, de grands arbres. De l'autre côté de la rivière, quelques maisons aux toitures rouges.

C'est le matin. L'effet est rendu avec un charme pénétrant.

Signé à gauche.

Toile. — Larg. : 72 cent.; Haut. : 60 cent.

GUILLAUMIN (Armand)

37. — Saint-Palais.

Au premier plan, se déploie une vaste prairie ou paissent quelques vaches et génisses.

A droite, un bouquet de grands arbres. Au milieu de la prairie, un admirable peuplier et, tout à fait au fond, les bâtiments d'une ferme.

Signé à gauche.

Toile. — Larg. : 80 cent. ; Haut. : 60 cent.

GUILLAUMIN (Armand)

38. — Le Cap Long ou Les Iles Sanguinaires

Au premier plan, des roches grises et roses, plus loin des roches rouges, volcaniques, dont les notes vigoureuses prennent encore plus d'intensité sous le soleil ardent du Midi.

Leurs rudes arêtes se dessinent sur l'arrière plan de la mer très bleue.

Tout au loin, la silhouette d'un navire.

Signé à droite.

Toile. — Larg. : 70 cent. ; Haut. : 69 cent.

GUILLAUMIN (Armand)

39. — Le bout des Mares à Saint-Chéron (juin 1891).

A gauche et à mi-coteau, un grand arbre. Au milieu. un chemin creux où l'on voit une femme se rendant au village qui apparaît dans le lointain.

Toute la campagne est vivement éclairée par un soleil de plein été.

Signé à droite.

Toile. — Larg. : 72 cent.; Haut. : 58 cent.

Vente Cte Doria.

JACQUE (Charles)

40. — Le Rat et les Poules.

Dans une cour, un coq et quelques poules. La gent volatile vient d'interrompre son habituel picorement parmi les pierres. Sujet d'étonnement et peut-être d'inquiétude, un rat qui, par une fenêtre, va rentrer dans la maison, est la cause de cette petite révolution au poulailler.

Signé à gauche.

Panneau. — Larg. : 20 cent.; Haut. : 15 cent.

GUILLAUMIN

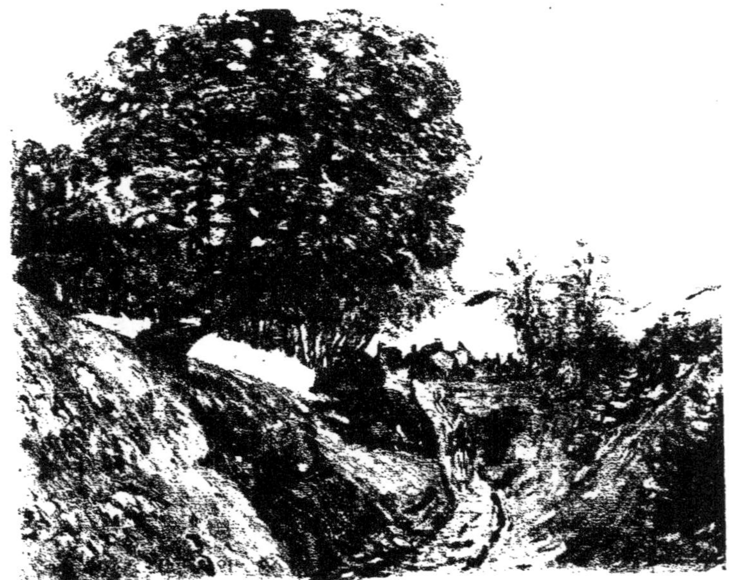

LE BOUT DES MARES A SAINT-CHÉRON

Procédé Bernheim Jeune.

LAURENS (Jean-Paul)

41. — Caïphe, le Grand Prêtre.

Somptueusement vêtu, Caïphe, le Grand Prêtre, s'appuyant de la main droite sur une sorte de barrière, assiste, impassible, à la condamnation du Christ.

Figure d'un grand caractère.

Signé à gauche.

Toile. — Larg. : 32 cent. ; Haut. : 50 cent.

LE LIEPVRE

42. — Printemps.

Dans une prairie, un ruisseau très limpide, et sur ses rives, de beaux peupliers alignés.

C'est aux premiers jours du printemps, car les bourgeons, d'un jaune tendre, s'ouvrent déjà et l'herbe tapisse la prairie d'un ton vert d'une fraîcheur exquise.

Signé à gauche.

Toile. — Larg. : 50 cent. ; Haut. : 65 cent.

LÉPINE (Stanislas)

43. — Un coin de port.

Un vapeur et deux voiliers à la file, près d'un quai d'embarquement où vont et viennent de nombreuses personnes.

A gauche, un rivage herbeux.

Signé à gauche.

Toile. — Larg. : 32 cent.; Haut. : 22 cent.

LÉPINE (Stanislas)

44. — Le quai maritime.

De nombreux voiliers près d'un quai, avec des maisons et des piles de bois.

A droite une barque.

Le ciel est d'un bleu profond ainsi que le port.

Signé à gauche.

Toile. — Larg. : 34 cent.; Haut. : 19 cent.

LÉPINE (Stanislas)

45. — Les hauteurs de Montmartre.

Au premier plan, un champ tout en verdure. Sur la hauteur, une ferme avec des hangars bordant un chemin.

A droite, un homme conduit une charrette attelée de deux chevaux. Tout au fond, un clocher et quelques maisons.

Le ciel est d'une grande finesse et de la meilleure manière du maître.

Signé à gauche.

Panneau. — Larg. : 35 cent. ; Haut. : 20 cent.

MARTIN (Henri)

46. — Vénus et Cupidon.

L'Amour qui a laissé tomber son carquois, se tient auprès de Vénus, sa mère, sur un tertre où la déesse est assise, nue jusqu'à mi-corps et n'ayant conservé qu'un voile clair avec une écharpe rouge nonchalamment glissée autour de la taille.

Signé en haut à gauche.

Carton. — Larg. : 35 cent.; Haut. : 38 cent.

MONTICELLI

47. — Les trois pierres précieuses.

Trois femmes en promenade dans un parc. L'une vue de dos, et habillée de vert émeraude, l'autre, de rouge rubis, de face, et la dernière enfin, de topaze vue de côté.

Devant les trois pierres précieuses, un chien lévrier.

Signé au milieu en bas.

Panneau. — Larg. : 25 cent. ; Haut. : 33 cent.

MONTICELLI

48. — L'Automne.

Vaste paysage. Les premières gelées ont doré la campagne. A gauche, de très beaux arbres à l'entrée d'une forêt, et vers le milieu de la composition, un ruisseau où se reflètent de gros nuages très lumineux.

Signé à gauche.

Panneau. — Larg. : 50 cent.; Haut. : 65 cent.

MONTICELLI

49. — Concert dans un parc.

Près d'un palais qui s'élève à gauche, un musicien debout et vêtu avec élégance, tient sous son bras une mandoline.

Trois femmes à droite, elles aussi très richement habillées. L'une, debout, puise de l'eau à une fontaine que surmonte une Vénus de marbre blanc.

Une autre assise, au premier plan, tient un cahier de musique. Un peu en arrière, un homme semble lui donner des conseils.

Signé à droite.

Panneau. — Larg. : 41 cent. ; Haut. : 35 cent.

MORET (Henri)

50. — Marine. — 1895.

Une barque dont la coque est peinte en bleu, jaune et vert, reflète sa voile rouge dans une eau très miroitante.

Un arrière-plan de rivages et le ciel mauve.

Signé à gauche.

Toile. — Larg. : 67 cent. ; Haut. : 55 cent.

MORET (Henri)

51. — Le Scorff. — 1894.

Au premier plan, un rivage herbeux et un pêcheur à droite.

La rivière, formant cascade, coule au pied d'un très haut talus, tout en forêts rousses et en prés verts.

En haut, un petit coin de ciel.

Signé à droite.

Toile. — Larg. : 73 cent. ; Haut. : 92 cent.

OLIVE (J.-B.)

52. — Le Port de la Joliette à Marseille.

Un grand paquebot à vapeur fait son entrée dans le port de la Joliette.

Le ciel est très bleu et bleue aussi la mer, de cet outremer profond et comme lapidaire qu'on lui voit aux plus beaux jours.

Signé à droite.

Toile. — Larg. : 73 cent. ; Haut. : 50 cent.

PINCHART

53. — En attendant.

Vêtue avec élégance, et buvant un verre de champagne, une jeune femme, à la campagne, s'est assise sur l'herbe, où on a étalé une nappe blanche, disposé des fruits et débouché une bouteille.

Près d'elle, un chapeau d'homme.

Signé à droite.

Toile. — Larg. : 34 cent.; Haut. : 25 cent.

PISSARRO (Camille)

54. — Soleil couchant.

Dans une grande plaine où sont disposés, çà et là, des bouquets d'arbres, le soleil couchant produit une sorte d'irisation de l'air qui donne au paysage un aspect en quelque sorte féérique.

Au loin, un clocher dans les feuillages.

Ciel très mouvementé.

Signé à droite.

Toile. — Larg. : 65 cent. ; Haut. : 50 cent.

PISSARRO (Camille)

55. — Le jardin au grand soleil.

Au loin à gauche, une ligne de coteaux verts et roux, découpée sur le ciel très bleu et chargé de flocons épais. A droite, des maisons aux toitures de tuiles et d'ardoises.

En avant des arbres enchevêtrés, une barrière, une sorte de haute borne, près de laquelle s'approche une femme.

Et plus en avant encore des pommiers dans un lotissement irrégulier de jardin potager.

Signé à gauche : C. Pissarro, 1876.

Toile. — Larg. : 55 cent. ; Haut. : 46 cent.

PISSARRO (Camille)

56. — Rusticana.

Au premier plan, un champ de choux.
Au milieu, une meule de paille.
A gauche, une maison.
A droite, un arbre.
Ciel gris.

Signé à droite.

Panneau. — Larg. : 7 cent. ; Haut. : 9 cent.

PISSARRO

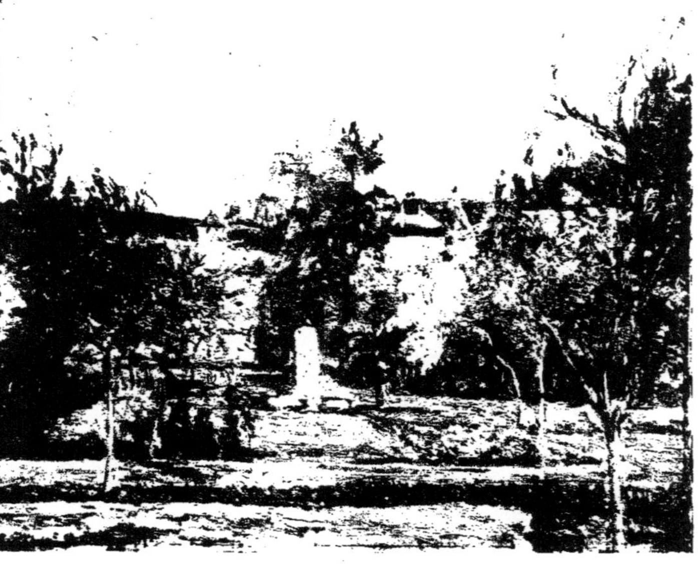

LE JARDIN AU GRAND SOLEIL

Procédé BERNHEIM Jeune.

RENOIR

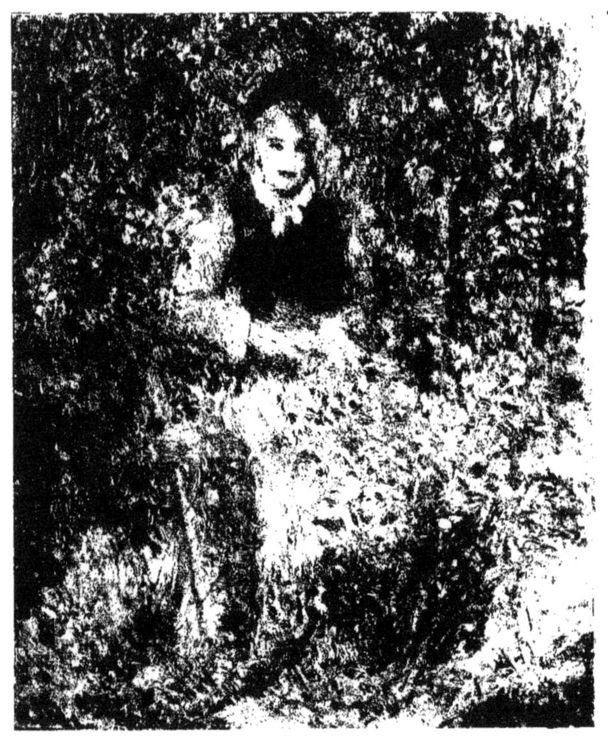

LA JEUNE FILLE AU BANC

Vente Lacroix, 12 [illegible] 1902

Procédé Bernheim Jeune.

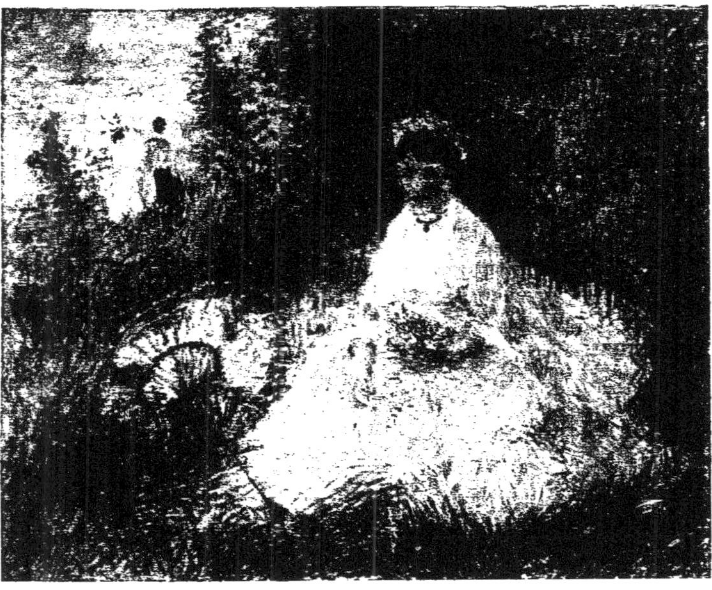

L'OMBRELLE JAPONAISE

Procédé Bernheim Jeune.

RENOIR

57. — La jeune fille au banc.

Le banc où elle s'est assise est à demi caché dans les fleurs et les feuillages.

Jeune, blonde, coiffé d'un béret bleu sombre, elle est comme une fleur parmi les fleurs. Toute baignée de soleil, elle joint les mains, coude droit au dossier du banc.

Sur sa chemisette au col souple et rabattu, sur son corsage foncé, elle a coquettement noué une jolie cravate de dentelle blanche.

Signé à droite.

Toile. — Larg. : 50 cent. ; Haut. ; 62 cent.

Collection Comte Doria.

RENOIR

58. — L'Ombrelle japonaise.

Une jeune fille, vêtue de soie bleue claire, s'est couronnée de fleurs. Des fleurs aussi, en bouquet, dans sa main.

Elle est assise dans une prairie et elle a mis à ses côtés, dans l'herbe, sa belle ombrelle japonaise, toute grande ouverte.

A gauche, un lac au bord duquel se promènent un officier et une jeune femme.

Signé à gauche

Toile. — Larg. : 63 cent. ; Haut. : 50 cent.

RIBOT (Théodule)

59. — Portrait de femme.

Une femme âgée est assise dans un fauteuil à dossier carré. La tête est enveloppée dans un voile noir et le corps disparaît sous un grand manteau sombre. Dans la main gauche, une paire de lunettes. — A droite une table basse portant un écritoire et deux livres. A gauche, sur une table à tapis vert, une mappemonde.

Signé à droite.

Toile. — Larg, : 59 cent. : Haut. : 76 cent.

RIBOT (Théodule)

60. — Le Géomètre.

Un vieillard, cheveux et barbe blanche, le visage tourné vers la gauche de la toile est accoudé à droite sur une table. Près d'un papier qu'il replie, il pose les deux pointes d'un compas.

A gauche en bas, des livres.

Signé à droite.

Toile. — Larg. : 59 cent. ; Haut. : 76 cent.

RIBOT

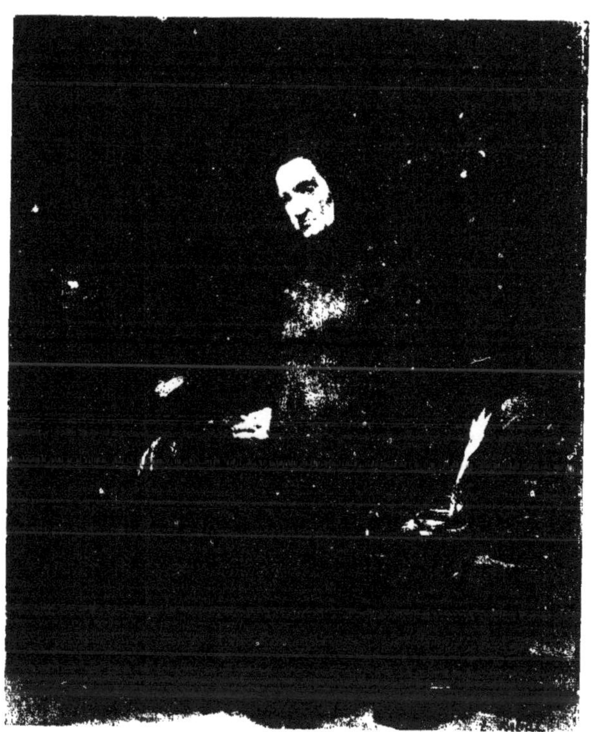

PORTRAIT DE FEMME

Procédé BERNHEIM Jeune.

RIBOT

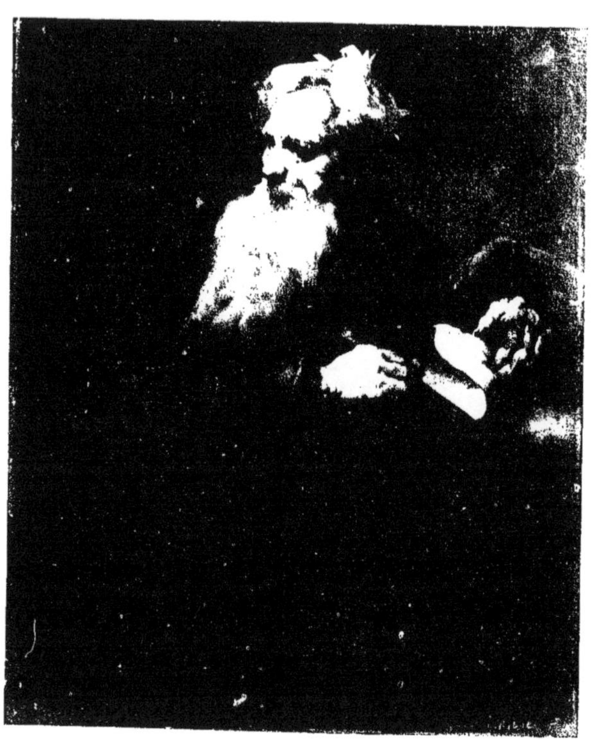

LE GÉOMÈTRE

Vente Lacroix, 12 avril 1902

Procédé BERNHEIM Jeune.

SISLEY

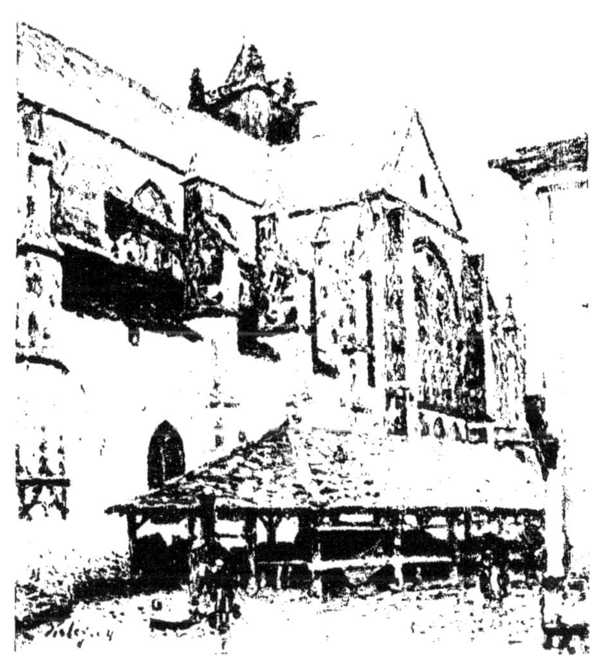

L'ÉGLISE DE MORET

Vente Lacroix [illegible] 1902

Procédé BERNHEIM Jeune.

RIBOT (Théodule)

61. — Jeunes filles.

Elles regardent un objet que l'une d'elle tient à la main.

L'artiste a peint jusqu'à mi-corps ces deux jeunes filles qu'il nous montre, l'une de trois-quart, l'autre de profil.

Cachet de la vente Ribot.

Panneau. — Larg. : 21 cent. ; Haut. : 27 cent.

SISLEY

62. — L'Église de Moret.

L'abside de la très vieille église de Moret. Sur la droite, c'est le marché avec une fontaine et une femme qui s'en éloigne portant ses deux seaux remplis.

Plus à droite, une autre figure de femme.

Le ciel est gris, de ce gris d'après l'averse qui, petit à petit, va s'éclaircir. Car il vient de pleuvoir, si l'on en juge d'après la toiture du marché et le sol qui sont encore ruisselants d'eau.

Signé à gauche.

Toile. — Larg. : 60 cent. ; Haut. : 72 cent.

SISLEY

63. — Moret. — L'Église et le pont.

Le grand chemin qui mène à Moret est bordé de maisons et de jardins.

Au fond, on reconnaît l'entrée du pont que domine, à gauche, la masse de la cathédrale et de son haut clocher.

Deux hommes, au premier plan, sont en conversation. Plusieurs personnes venant de la ville ou s'y rendant s'échelonnent sur le chemin.

Le ciel menace. Il y a deux gros nuages qui cachent le soleil. L'orage approche.

Signé à droite.

Toile. — Larg. : 56 cent. ; Haut. : 38 cent.

SISLEY

64. — Canal du Loing à Saint-Mammès.

Profond et de toute beauté, le ciel moucheté de blanc, se reflète dans les eaux transparentes du canal du Loing.

Une péniche, sur la droite, est amarrée à la rive. Deux hommes causent, non loin de là. Puis ce sont les maisons aux toitures rouges, à droite, derrière lesquelles des bouquets de verdures se dessinent.

A l'horizon, toute une ligne de collines.

Dans l'ensemble de l'œuvre circule une lumière et une atmosphère qui font de ce tableau l'un des plus intéressants qu'ait signé l'artiste.

Signé à droite.

Toile. — Larg.: 55 cent.; Haut. : 42 cent.

SISLEY

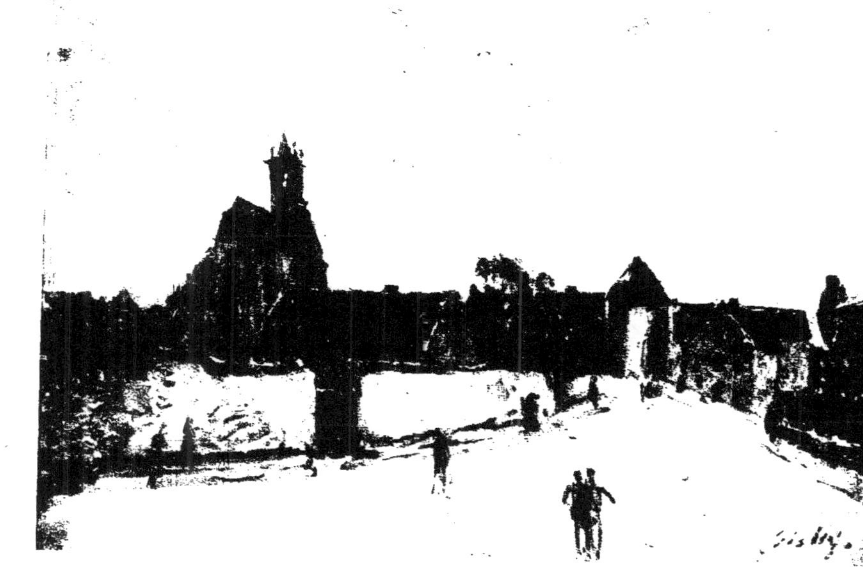

MORET — L'ÉGLISE ET LE PONT

Procédé BERNHEIM Jeune.

SISLEY

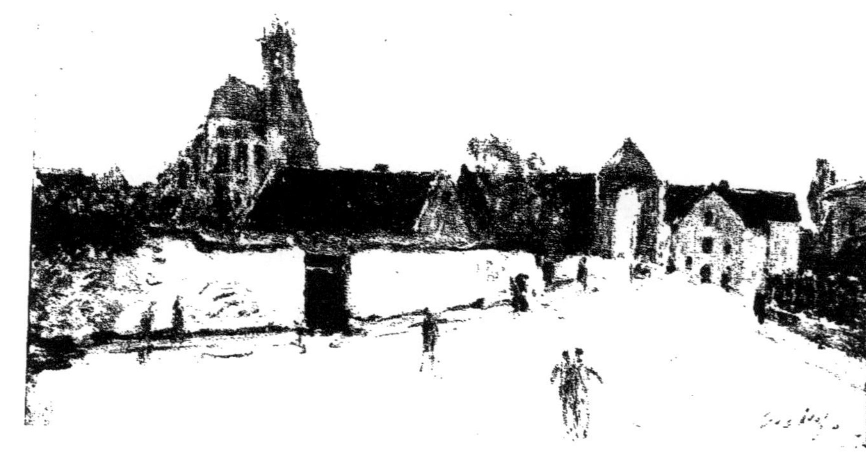

MORET — L'ÉGLISE ET LE PONT

Procédé Bernheim Jeune.

SISLEY

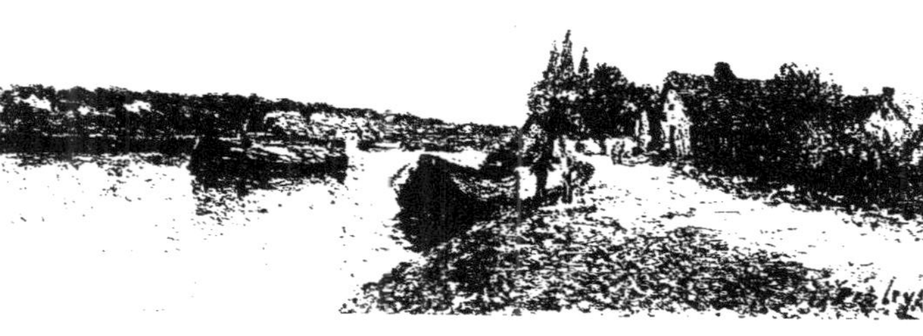

LE CANAL DU LOING

[illegible] Jeune.

SISLEY

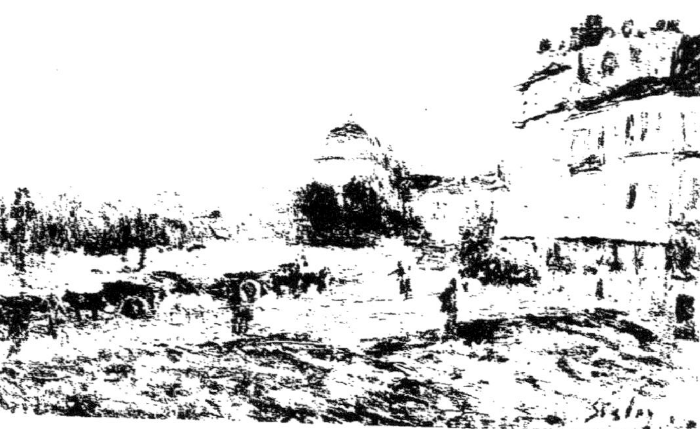

LE QUAI DE SÈVRES

Procédé BERNHEIM Jeune.

SISLEY

65. — Le Quai de Sèvres.

Les premières gelées se sont abattues sur les feuilles des arbres qui bordent la Seine, et sur l'herbe qui, au premier plan, est encore toute blanche de gel.

C'est le quai, avec de nombreuses charrettes et des piétons. Vers la droite, on voit de grandes maisons, restaurants et cafés, avec leurs tentes dressées sur les terrasses.

Tout au fond, se profile une construction surmontée d'un dôme.

Signé à droite.

Toile. — Larg. : 48 cent. ; Haut. : 40 cent.

DE VUILLEFROY

66. — Environs de Cordoue.

Un chemin crayeux et qu'on dirait comme calciné par le soleil d'Espagne.

Au milieu du chemin que borde, à gauche une haie d'agaves, deux cavaliers espagnols poussent devant eux un important troupeau de taureaux.

Signé à droite.

Toile. — Larg. : 55 cent. ; Haut. : 45 cent.

VIGNON

67. — Château de Croissy. — 1876.

Vu des hauteurs de Bougival, le château dans la vallée, tout près de l'eau, au milieu des campagnes.
Au loin, une ligne de coteaux. Au premier plan, une palissade, une femme et un tas de cailloux.

Signé à droite.

Toile. — Larg. : 25 cent. : haut. : 17 cent.

VOLLON (Antoine)

68. — Le Cellier.

C'est ici qu'avec divers ustensiles de cuisine, on est sûr de trouver, en cas de besoin, ce pot de terre verni, ces pichets de grès, ces casseroles et poëlons, ces chaudrons plats, ces plateaux de cuivre jaune poli, ce panier avec cette botte de poireau, et, enfin, sur une table, ces oignons et ces jolis piments rouge vif.

Signé à gauche.

Toile. — Larg. : 46 cent. ; Haut. : 38 cent.

Pastels et Aquarelles

CHÉRET (Jules)

69. — L'Éventail et le chat.

Une femme, jeune, jolie, richement vêtue, souple dans une robe et un corsage clairs, largement rayés de vert pâle, coiffée d'un grand chapeau vert, que rehausse une ondulante plume blanche et qui, par contraste, rend plus admirable encore une chevelure d'un blond ardent.

Elle lève ses deux bras nus, tenant à gauche un éventail. A gauche encore, un gros matou blanc.

Des bas noirs et des souliers verts, à large coque, moulent le pied et la jambe de l'élégante.

Signé à droite.

Pastel. — Larg. : 42 cent.; Haut. : 55 cent.

DEGAS

70. — L'heure du bain.

Une femme nue entre dans sa baignoire. Elle est vue de dos, une jambe déjà dans l'eau.

Au mur, deux cadres ; à droite, un vêtement rouge accroché, à gauche, une étoffe bleu clair.

Signé à droite en bas.

Pastel. — Larg. : 55 cent. ; Haut. ; 36 cent.

FAUCHÉ (Léon)

71. — La Toilette.

Une femme nue, assise sur le rebord d'un tub, procède à sa toilette.

Signé à droite.

Pastel. — Larg. : 52 cent. ; Haut. : 47 cent.

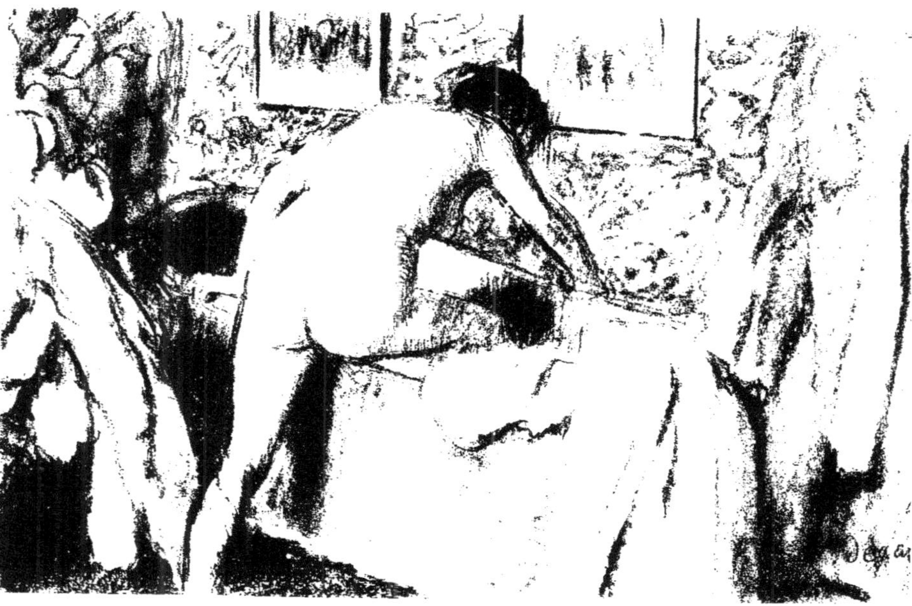

L'HEURE DU BAIN

HARPIGNIES

72. — La Bourboule.

Un pré avec des arbres, à gauche, portant ombre presque jusqu'à une ferme, à droite. Au fond, des coteaux boisés.

Signé à gauche.

Aquarelle. — Larg. : 25 cent. ; Haut. : 15 cent.

HARPIGNIES

73. — Morlaix.

Un pont en ruine, des arbres à gauche, deux passants sur un chemin haut, et un talus à droite.

Signé à droite.

Aquarelle. — Larg. : 19 cent. : Haut. : 15 cent.

HARPIGNIES

74. — Cannes.

Dans une contrée boisée, un pont à deux arches sur un petit ruisseau dont on voit l'eau au premier plan à droite.

Signé à gauche.

Lavis à l'encre de Chine. — Larg. : 15 cent. ; Haut. : 9 cent.

HARPIGNIES

75. — Cannes.

Une promenade au bord de la mer. Au fond, les côtes très découpées sur le ciel.

Quelques personnes sous les arbres, au premier plan.

Signé à gauche.

Lavis à l'encre de Chine. — Larg. : 15 cent. ; Haut. : 9 cent.

RENOIR

76. — En Corset.

Debout, en corset, vue jusqu'à mi-corps, une jeune fille, qui s'habillait, est surprise par l'arrivée de quelque indiscret.

Signé à gauche.

Pastel. — Larg. , 50 cent.; Haut. : 65 cent

RENOIR.

77. — Au pied d'un tertre, une femme vêtue d'un corsage bleu et d'une jupe rouge est couchée sur l'herbe.

La tête est recouverte d'un chapeau de paille.

Signé à gauche.

Aquarelle.

www.ingramcontent.com/pod-product-compliance
Ingram Content Group UK Ltd.
Pitfield, Milton Keynes, MK11 3LW, UK
UKHW020342180726
13839UKWH00002B/869